PRÉCIS HISTORIQUE

DES

ÉVÉNEMENS

QUI

Se sont passés à Valenciennes, depuis le retour de *Buonaparte,* jusqu'au rétablissement de Louis XVIII.

Par J. E. Raclet.

Quæque vidi vel audivi.

A LILLE,

DE L'IMPRIMERIE DE V. LELEUX.

1816.

PRÉCIS HISTORIQUE

DES ÉVÉNEMENS

Qui se sont passés à Valenciennes, depuis le retour de *Buonaparte*, jusqu'au rétablissement de Louis XVIII.

———————

A CETTE époque à jamais fatale où la France encore une fois veuve de son Souverain légitime, gémissait sous le poids de la plus odieuse oppression, Valenciennes, par sa position géographique et par le rang qu'elle tient entre les forteresses du royaume, devait, plus que toute autre ville, se ressentir de cette violente secousse; mais la conduite de ses habitans, pendant ces temps d'orage et de calamité, est si digne d'éloges, que j'ai cru devoir publier cette légère esquisse, dans laquelle une plume plus exercée pourra puiser quelques notices utiles à l'histoire.

Ce fut le 9 Mars au matin, que le courrier apporta l'inconcevable nouvelle transmise à Paris par une dépêche télégraphique, du débarquement de Buonaparte au Golfe Juan. Il est assez difficile de peindre l'effet qu'une pareille nouvelle produisit sur les esprits. Chacun en conçut une opinion différente, en raison du plus ou moins d'avantage qu'il croyait y remarquer pour ses intérêts personnels; car (soit dit en passant) c'est toujours le principal mobile des actions des hommes. Cependant il y aurait de l'injustice à taxer d'égoïsme la saine majorité des habitans de cette intéressante ville. Ceux-ci furent dans la consternation, car ils prévirent bien les malheurs qui devaient en résulter.

Pendant les douze jours qui s'écoulèrent jusqu'au moment de la consommation du crime, l'agitation fut continuelle. Divers mouvemens s'opéraient par les troupes de la garnison, d'après les ordres de Drouet d'Erlon, commandant la seizième division militaire.

Et tandis que les autorités militaires mettaient tout en usage pour faire triompher la cause de l'usurpateur, elles étaient contrecarrées par les partisans de la légitimité. Une chose digne de remarque, c'est qu'au même jour et à la même heure où le palais de nos Rois retentissait des cris de *vive l'empereur!* poussés par tout ce que Paris contenait de plus abject, le théâtre de Valenciennes était rempli de fidèles sujets du Roi, qui assistaient à la représentation du Souper de Henri IV, que les acteurs jouèrent avec tant de zèle et d'ensemble, qu'on eût pu se croire dans les temps les plus prospères; et cette pièce fut accueillie avec le plus grand enthousiasme et aux acclamations mille fois répétées de *vive le Roi!* On remarqua que les colonels du huitième et du vingt-neuvième régiment d'infanterie montrèrent le plus grand empressement à prouver leur entier dévouement à leur légitime Souverain.

Le 21 Mars, S. A. R. le duc d'Orléans, à qui Sa Majesté avait confié le commandement d'une armée de réserve qui devait se rassembler près de Péronne, arriva à sept heures du matin à Valenciennes, accompagné du duc de Trévise. Il passa la revue de la garnison qui ne consistait qu'en deux régimens d'infanterie, le huitième et le vingt-neuvième, et un escadron du septième régiment de hussards. La ville accueillit le Prince avec la plus grande démonstration de joie. Le drapeau blanc fut spontanément arboré à toutes les croisées. La population se portait en foule sur le passage du Prince, et faisait retentir les airs des cris de *vive le Roi! vivent les Bourbons!* L'espérance renaissait dans tous les cœurs. Le brave gouverneur de la ville, le baron Dubreton, saisissait toutes les occasions de prouver son dévouement au Roi et d'imprimer ses sentimens à la garnison.

Tout annonçait un heureux résultat, lorsqu'un courrier remet au Prince une lettre qui lui annonce l'entrée de Buonaparte à Paris. Son Altesse, qui devait aller visiter Condé, donna contr'ordre, et se dirigea sur Lille, à deux heures après midi.

A la joie franche et naïve qu'avait fait naître la présence de l'auguste Personnage, succéda un morne silence, précurseur d'événemens sinistres. On flottait entre l'espoir et la crainte. Le soir, plusieurs personnes se portèrent à la poste, pour attendre le courrier; et pour mettre le comble à l'inquiétude, il n'arriva qu'à dix heures et demie. On était en partie rentré chez soi; cependant quelques zélés royalistes ne voulurent se retirer qu'après avoir acquis la conviction de leur malheur. Ils attendirent l'arrivée du courrier; ils étaient presque certains de ce qu'ils allaient apprendre, mais ils se persuadèrent que l'inquiétude était pire que le mal.

Enfin les portes s'ouvrent, le courrier arrive; il était précédé d'un cavalier d'ordonnance de la garde d'honneur de Cambrai, à qui on demanda des nouvelles, et qui ne répondit que ces mots : *ça va mal* On se rend à la poste, et on reste au-dehors dans l'attente de l'ouverture des dépêches. Quelques buonapartistes avaient eu le privilège de pénétrer dans l'enceinte. L'un d'eux, qui avait ouï la lecture de la circulaire de *Lavalette*, ne tarda pas à sortir en criant : *vive l'empereur!* il est suivi d'un autre qui annonce qu'il n'y a pas de journaux.

Dès lors, il n'y eut plus à douter de la perte que la France avait faite; mais par un mouvement bien naturel à de vrais amis du Roi, ceux qui furent présens à cette scène, oublièrent leurs dangers personnels, pour ne s'occuper que du salut de Sa Majesté et de son auguste famille.

Ce fut dans cette pénible situation que chacun regagna son domicile.

Le lendemain, la nouvelle se répandit dans toute la ville, et sauf de légères exceptions, la consternation fut générale.

Le brave et fidèle baron DUBRETON fit venir chez lui les officiers de la garnison; il leur retraça les devoirs qu'ils avaient à remplir dans une pareille occurrence; leur rappela que l'honneur était inséparable de la bravoure, et que rien ne pouvait

les excuser s'ils osaient violer le serment de fidélité qu'ils
avaient fait au Roi, en recevant les drapeaux que Sa Majesté
leur avait confiés. Il exigea d'eux qu'ils le renouvellassent
entre ses mains, et laissa la liberté de s'en abstenir à ceux qui
n'étaient pas dans l'intention de le respecter. Tous le répété-
rent avec enthousiasme. La suite a prouvé quelle foi on aurait
dû y ajouter.

Les journées du 22 et du 23 ne présentèrent rien d'alarmant.
Un murmure concentré de la part des soldats annonçait cependant qu'ils n'étaient pas dans de très-bonnes dispositions, et la
rentrée en ville de deux escadrons de hussards ne servit pas peu
à augmenter les inquiétudes ; les propos séditieux qu'ils tenaient, décelaient assez ce qui se passait dans leurs ames On
voyait l'orage se former et prêt à éclater. Pour en hâter les
effets, le colonel du septième hussards *Marbot*, récemment
nommé par le Roi, se rendit à la caserne de son régiment le 23,
après la retraite, pérora ses soldats en faveur de Buonaparte,
et termina son discours par un ordre de délivrer une bouteille
d'eau-de-vie à chaque soldat.

Il n'en fallut pas davantage pour électriser une troupe qui
n'était déjà que trop peu disposée en faveur de son Souverain
légitime. Tous les soldats passèrent la nuit à s'enivrer. Le peu
qu'il pouvait y avoir de fidèles, fut entraîné par les autres. Des
vociférations horribles furent le prélude des scènes que le lendemain 24, jour du vendredi saint, vint éclairer.

Dès six heures du matin, le 24, les hussards, sans ordre et
sans chefs, montèrent à cheval et coururent dans les rues, le
sabre nu à la main, en criant de la manière la plus effrayante:
vive l'empereur! à bas les royalistes, etc. Chaque fois qu'ils
passaient devant une enseigne qui portait quelques signes de la
royauté, ils la brisaient à coups de sabre, en vomissant mille
invectives contre le propriétaire. Quelques-uns d'entr'eux se
portèrent au beffroi où flottait le drapeau blanc, et, au risque
de se précipiter, ils l'abattirent à grands coups de sabre. En
moins de deux heures, toutes les fleurs de lys, tout ce qui

semblait même en représenter une, fut saccagé ; mais ce qui étonna le plus dans cette odieuse journée, ce fut d'avoir vu les officiers qui s'étaient réunis à leurs soldats, brûler eux-mêmes, avec les accens de la rage, l'étendard qu'ils avaient reçu du Roi peu de mois auparavant.

Les hussards entraînèrent dans leur défection les deux régimens d'infanterie, et malgré l'opposition formelle de leurs colonels, ces braves et dignes chefs ne purent arrêter ce mouvement.

L'exemple donné par les chefs du septième hussards, qui avaient brûlé leur étendard, ne tarda pas à être suivi par les soldats révoltés. Ils se portèrent d'abord chez le commandant de la garde d'honneur, ravagèrent à coups de sabre les arbustes qui décoraient le devant de son hôtel, et se firent donner l'étendard qu'ils brûlèrent sur la place dite de St. Géry. Le drapeau des canonniers bourgeois ne fut pas non plus épargné ; et pour mettre le comble à leurs crimes, ils se rendirent, avec plusieurs de leurs chefs, chez le gouverneur, dont ils forcèrent la sentinelle ; et, les épées et les sabres levés sur lui, ils voulurent le contraindre à donner l'ordre d'arborer la cocarde tricolore et de s'en affubler. Ils prétendaient, par cette démarche, légitimer leur révolte. Ce digne chef repoussa cette proposition avec horreur, et finit par dire à ces énergumènes : *vous pouvez m'assassiner, mais jamais vous ne me ferez manquer à mes devoirs et à l'honneur.* Tant de loyauté désarma pour un instant cette troupe de bandits, et le général finit par se soustraire à leur fureur, en abandonnant un poste qu'il ne pouvait plus tenir dans l'intérêt du Roi.

Toute la journée se ressentit des scènes du matin. Les rues étaient remplies de soldats ivres, qui se promenaient le sabre nu à la main, arrêtant tous les passans et les forçant, le sabre sur la poitrine, de crier : *vive l'empereur !* Ils se répandirent dans les cabarets, où ils achevèrent de s'enivrer, et en sortaient en disant que *l'empereur Napoléon payerait.* Ils terminèrent la journée par faire des incursions dans les villages voisins, où ils burent toutes sortes de liqueurs sans payer, et finirent par voler de l'argenterie chez un curé. Pour ne laisser aucun doute sur l'odieux de leur conduite, la grande majorité des officiers se réunit dans un hôtel où ils se donnèrent un banquet qui ressembla plutôt à une orgie. Après avoir passé une partie de la nuit à s'enivrer en vociférant contre la légitimité, ils parcoururent les rues en traînant leurs sabres nus sur le pavé, qu'ils faisaient étinceler, et ils ne se retirèrent qu'après avoir épuisé toutes les injures contre la généralité des habitans, qu'ils honoraient du titre de royalistes.

On remarqua avec plaisir que pas un habitant, même de ceux de la plus basse classe, ne prit aucune part à ces désordres ; et ce ne fut pas sans un étonnement mêlé de la plus grande satisfaction, que l'auteur qui, en raison de son état obscur, pût observer de plus près tous les mouvemens, entendît des gens du peuple dire, dans leur langage naïf : *quels brigands ! ils le payeront plus tard ; mais malheureusement nous en serons les dupes ; nous n'aurons plus d'ouvrage, etc.*

Le 26, à trois heures après midi, d'après l'ordre qu'en avait reçu l'autorité locale, le drapeau tricolore fut arboré à l'hôtel de ville, et les citoyens furent invités de le placer à leurs fenêtres. Une promenade civique, dans laquelle on proclama l'usurpateur, fut le seul acte de l'autorité qui consacra cet événement.

Quelques jours après, on vit paraître des décrets tous plus despotiques les uns que les autres. L'indifférence qu'avaient d'abord montrée les jacobins et les buonapartistes, tant qu'ils furent incertains du succès, se changea bientôt en une agitation continuelle. Tous voulurent rentrer dans les emplois dont ils avaient été justement exclus depuis long-temps ; et leur ambition ne connut plus de bornes, lorsqu'ils virent paraître le décret qui ordonnait le changement des autorités maintenues par le Roi. Les haînes et les dénominations ridicules que le retour du Roi avait fait disparaître, renaquirent avec plus de fureur, et tout annonçait les scènes sanglantes de 93. Bientôt

on ne fut que trop confirmé dans cette crainte, quand on vit les
autorités royales remplacées par les anciens apôtres de la révolution, et que par un rafinement de politique dont la trame
était cependant trop mal ourdie pour ne pas être apperçue,
les gouvernans avaient mis à la tête de leurs administrations,
des individus jouissant de l'estime publique, mais que leur
faiblesse et leur ignorance mettaient à la disposition de leurs
collaborateurs. Les effets qu'ils en attendaient réussirent au-
delà de leur espérance. Le parti royaliste fut comprimé, me-
nacé et persécuté; et les nouveaux administrateurs furent
parfaitement secondés par le passage continuel des gardes
nationales de nouvelle levée, qui se rendaient dans les places
fortes. Il est impossible de se faire une idée de la composition
de ces nouveaux corps. On eût dit que l'on avait ouvert, pour
les former, toutes les prisons et tous les bagnes du royaume.
Le pillage, le viol, les mauvais traitemens, les insultes, tous
les fléaux marchaient à leur suite; et c'était à cette horde de
brigands que le soi-disant empereur avait confié la garde des
forteresses et des arsenaux de son empire! Pour achever de
mettre le comble au désespoir des fidèles sujets du Roi, le
maréchal *Ney*, qui fit une tournée dans les places fortes,
assaisonna les discours qu'il tint aux autorités et aux officiers,
de propos tellement ignobles et injurieux, qu'ils en furent
indignés. Et comme ce maréchal s'apperçut de l'indifférence
avec laquelle les habitans de Valenciennes l'accueillirent, il
eut la maladresse de s'en plaindre à un magistrat qui avait dû
lui rendre sa visite. Sur ce que Ney reprochait à ce magistrat
que les habitans étaient bien froids, *Monseigneur*, lui dit-il,
cela tient au climat, et je prie Votre Excellence d'observer
que les Flamands ne font rien sans bien réfléchir. Quelle
leçon! Comme celui qui la reçut devait souffrir intérieurement!

Quelques jours après le départ du maréchal Ney, la ville fut
mise en état de siège, et l'on vit arriver dans ses murs un
général de division nommé Emmanuël Rey, en qualité de
gouverneur. Pour disposer tous les préparatifs de résistance,

un corps d'armée, sous les ordres du comte Reilles, vint s'établir dans Valenciennes et ses environs. Peu après, ce corps fut dirigé sur Avesnes et remplacé par un autre commandé par le comte Drouet d'Erlon. Tout annonçait que les hostilités ne tarderaient pas à commencer.

Outre la quantité de troupes qui s'avançaient sur tous les points, on prenait toutes les mesures de défense. Le général Rey débuta par faire assembler les canonniers bourgeois, les harangua et leur dit qu'il comptait sur leur bravoure et leur fidélité à l'empereur, si jamais l'ennemi osait l'attaquer. Ce discours fut mieux accueilli qu'on ne l'aurait cru par les canonniers qui, peu de mois auparavant, avaient reçu de la mairie un drapeau blanc, et qu'ils avaient juré de défendre jusqu'à la mort. Ils n'en crièrent pas moins *vive l'empereur!* On doit penser que leur défection ne provint que de la force des circonstances. Car les partisans de l'usurpateur employaient tous les moyens qui étaient en leur pouvoir pour tromper et égarer l'opinion publique. Tantôt ils faisaient venir à la police ceux dont ils redoutaient l'énergie et l'influence, et les effrayaient pour les forcer au silence et à l'inaction ; tantôt des proclamations bien platement basses et adulatrices, étaient placardées aux coins des rues et des carrefours ; une autre fois, un comité de *frères et amis,* qui s'assemblait journellement pour lire le journal des patriotes de 89, par *Méhée,* rédigeait et publiait un prétendu manifeste dans le style du *père Duchêne,* qu'il attribuait à un soldat. Il n'y eut pas jusqu'à la misérable feuille d'annonces, qui ne devint le réceptacle des injures les plus grossières et les plus dégoûtantes contre les Bourbons. *Voyez* feuille de Valenciennes, N.° 1103.

C'est dans cette disposition des esprits qu'eut lieu la cérémonie du 13 Juin. Ce jour-là, tous les corps cantonnés à Valenciennes et aux environs, reçurent ordre de se rendre à la plaine de Mons, près de Valenciennes, et on leur distribua des aigles. Comme il avait plu toute la matinée, on remarqua que les couleurs rouge et blanche des drapeaux avaient déposé sur le blanc ; ce qui fit dire à quelques plaisans : *que les dra-peaux étaient de mauvais teint, qu'ils ne tiendraient pas* Cette cérémonie n'en fut pas moins imposante ; toute la troupe de ligne avait une tenue admirable, ce qui contrastait singuliè-rement avec quelques bataillons de gardes nationales de nou-velle levée, qui étaient en vieilles capotes et en bonnets de police passablement crasseux. L'air retentit long-temps des cris de *vive l'empereur !* que les officiers et soldats poussèrent avec des trépignemens qui tenaient de la fureur et même de la rage. Que de maux ils auraient évité à la France, si le motif en eût été différent !

Le même jour 13 Juin, l'armée reçut ordre de se porter en avant ; et le 15, commença cette campagne qui fut si courte et dont les résultats furent si terribles.

On ne tarda pas d'apprendre à Valenciennes la perte totale de l'armée. Malgré les soins que prirent le gouverneur et ses adhérens de laisser transpirer le moins possible des nouvelles aussi désastreuses, elles furent bientôt connues. Les buona-partistes furieux jettèrent des cris de rage. Des propositions telles qu'on n'en avait pas vues en 1793, furent faites en plein conseil. Des membres portèrent la fureur au point de proposer l'arrestation de tous les royalistes, leur trans-férement à la citadelle, d'où on en extrairait chaque jour un certain nombre pour les fusiller. Un membre de ce conseil, dont le nom est trop odieux pour le citer, alla jusqu'à dire, dans un lieu public, *qu'il fallait faire du boudin avec le sang et les boyaux des royalistes.* La plume se refuse à tracer de telles horreurs.

Cependant le danger augmentait ; les alliés avaient par-tout dépassé les frontières et poussaient l'épée dans les reins les débris de l'armée française. Son chef, *toujours prudent,* avait fui et abandonnait ses malheureuses victimes à la merci de leurs ennemis. Le véritable Père de ces infortunés, sans s'in-quiéter de leur ingratitude, mais ne voulant pas oublier qu'ils étaient ses enfans, avait envoyé à lord Wellington cinq cent mille francs, pour racheter, à raison de vingt francs par homme, tout Français que les alliés prendraient vivant. A combien de mille hommes cet acte de générosité n'a-t-il pas sauvé la vie! Et voilà ce Monarque auguste, dont on osait dire que la race avait cessé de régner pour la France! Que les partisans de l'usurpateur essaient de nous rappeler un pareil trait de leur idole!

Tandis que la France était envahie de toute part, que Maubeuge, Landrecies et Le Quesnoy étaient assiégés, Valenciennes se voyait à la veille de subir le même sort. Son gouverneur se disposait à une vigoureuse résistance. La garnison consistait en cinq bataillons des gardes nationales des départemens voisins, la plupart indisciplinés et peu déterminés à se battre; un bataillon de vieux pensionnés, bons militaires, mais tous ou trop âgés, ou trop mutilés pour soutenir les fatigues d'un siège; quinze à dix-huit cents douaniers, dont environ un quart montés; une compagnie de canonniers de ligne; deux compagnies de canonniers bourgeois. Des forces aussi faibles ne pouvaient pas résister long-temps contre une armée victorieuse, et qui pouvait se grossir à volonté. N'importe, Emmanuël Rey voulut tenir et courir la chance de faire écraser inutilement une ville à peine sortie de ses ruines, après un siège affreux qu'elle avait subi vingt-deux ans auparavant. Mais cette ville était dévouée à son Roi, et le gouverneur voulait l'en punir. Rien ne prouve mieux que ce fût le principal mobile de sa détermination, que les mesures rigoureuses qu'il osa prendre de concert avec son conseil de défense. Au lieu de se concilier les esprits par des actes de prudence, ces Messieurs s'occupèrent d'abord de former une liste de ceux qui leur parurent les plus opposés à leur extravagante résolution, et dès le lendemain, plus de quarante personnes respectables sous tous les rapports, et parmi lesquelles on comptait des magistrats et des chevaliers de St. Louis, reçurent ordre de quitter la ville sur-le-champ. Cet ordre, qui fut notifié le 24 Juin de grand matin, devait avoir reçu son exécution dans

l'avant-midi. Voilà quarante malheureux pères ou fils de famille, obligés de s'expatrier et d'abandonner aux horreurs
d'un siège leurs pères, leurs mères, leurs femmes et leurs
enfans, et eux-mêmes incertains de leur sort à leur arrivée au
quartier-général des assiégeans. Cette conduite, que rien ne
peut justifier, fut répétée plusieurs fois, en sorte que plus de deux
cents personnes furent proscrites et obligées de sortir de chez
elles. Mais combien le gouverneur et ses adhérens furent trom-
pés dans leur perfide combinaison ! Ils voulaient empêcher que
de sages remontrances vinssent contrarier leur projet de faire
bombarder la ville, et c'est par les moyens qu'ils emploient
qu'elle a le bonheur d'être sauvée. A peine les proscrits sont-ils
parvenus dans le camp des alliés, que les plus estimables
d'entr'eux emploient toutes leurs persuasions et leur éloquence
pour déterminer le général à épargner la ville. Ils lui peignent
les habitans comme dévoués au Roi, et qui n'attendaient qu'un
moment favorable de manifester leurs bonnes dispositions.

Le lendemain 28, une première sommation fut faite au
gouverneur ; on ignore si ce fût comme il a cherché à le faire
croire aux habitans et à la garnison, au nom du Roi des Pays-
Bas, qu'il fût sommé de se rendre ; ce qui paraît d'autant plus
douteux, que le Roi était à Cambrai dès la veille. Quoiqu'il
en soit, le gouverneur refusa le parlementaire, et le lendemain
29, on commença à tirer sur la ville, mais avec tant de ména-
gement, que les alliés n'avaient pas même établi de batteries
et tiraient en rase-campagne. On leur riposta vigoureusement ;
et en peu de jours, le village de Marly, qui se trouvait sous le
canon de la place, fut en partie réduit en cendres.

Dès le premier jour de l'attaque, les citoyens murmuraient
hautement ; mais le 3 Juillet, il éclata une espèce de révolution
parmi le peuple ; elle fut si mal dirigée, qu'elle ne produisit
d'autre effet que l'arrestation de ceux qu'on avait supposés les
plus coupables. Le gouverneur, pour dissiper l'attroupement,
fit marcher des douaniers à cheval et fit conduire sur la place
deux pièces de canon, qui y restèrent en batterie plus de huit

jours après que l'autorité du Roi fut reconnue. Ce qui étonna
le plus dans cette journée du 3 Juillet, ce fut de voir le com-
missaire de police à cheval avec les douaniers, le sabre nu à
la main.

Malgré toutes les précautions que prenait le gouverneur de
ne laisser transpirer aucune nouvelle, on sut que M. le comte
Lauriston était venu en parlementaire sommer la ville au nom
du Roi ; on sut aussi l'arrivée de Sa Majesté à Paris. On espé-
rait que bientôt il y aurait un nouvel ordre de choses. Le gouverneur reconnut enfin l'absurdité de son entreprise ; il dépêcha
un courrier à Paris, et à son retour qui tarda de plus de huit jours,
il fit une proclamation qui, en reconnaissant l'autorité royale,
ordonnait que le drapeau blanc et la cocarde blanche seraient
arborés le 19 Juillet à midi. On ne pourrait se faire qu'une
bien faible idée de l'effet que produisit sur les habitans une si
heureuse détermination. Tout le monde s'empressa de décorer
du drapeau blanc le devant de ses maisons, et toutes les rues
retentirent des cris chéris de *vive le Roi! vivent les Bourbons!*

Le gouverneur et ses adhérens ne furent pas très-satisfaits
de ce que le peuple manifestait sa joie avec tant d'enthousiasme ; aussi le lendemain, il fit afficher une proclamation
où, au nom du Roi, il défendait de crier *vive le Roi!* il y
disait : *que des enfans avaient insulté des militaires,* enfin il
terminait ce chef-d'œuvre d'incohérences par *défendre aux
proscrits pour la cause sacrée du Roi, de rentrer dans leurs
foyers sans sa permission.* Heureusement qu'une pareille
défense devenait aussi dérisoire que ridicule. Cela n'empêcha
pas quelques proscrits, plus craintifs que les autres, de se
tenir encore plusieurs jours éloignés de leur domicile. Ce ne
fut que le 6 Août qu'ils furent tous réunis. A leur retour, ils
célébrèrent avec leurs amis une fête en l'honneur du Roi, où
on put remarquer la gaîté la plus franche et le plus sincère
dévouement à la cause légitime qui venait de triompher.

Ces fêtes se succédèrent pendant long-temps, et chaque
quartier voulut avoir l'honneur de donner la sienne.

Le plus parfait accord a toujours présidé à ces réunions, et tous les citoyens ne formaient qu'un même vœu, celui de voir la fin des longs malheurs de la France, et de mourir, s'il le fallait, pour la défense d'un trône qui fit pendant tant de siècles sa gloire et sa prospérité.

FIN.

www.ingramcontent.com/pod-product-compliance
Lightning Source LLC
Chambersburg PA
CBHW061816040426
42447CB00011B/2679